Cet ouvrage a été publié en partenariat avec CANAL+

Loi 49-956 du 16 juillet 1949 sur les publications
destinées à la jeunesse

ISBN : 2-7320-3649-8
Imprimé en Belgique par Proost

Construire un château fort aujourd'hui

L'aventure de **Guédelon**

Anne Baud
Nicolas Reveyron
illustré par Jean-Benoît Héron

Éditions du Sorbier

il était une fois des châteaux forts…

Au détour d'une route, un donjon perché dans les montagnes, des vestiges de forteresses rongées par le temps racontent une histoire haute en couleur : celle du Moyen Âge. Une histoire écrite à la dimension de l'Europe, quand on parlait de contrées, de royaumes et d'empires.

Autrefois, ces ruines étaient de nobles résidences, résonnant des bruits de la vie quotidienne, des fêtes données par le seigneur ou des fracas terribles de la guerre. Mais n'oublions pas que chaque forteresse, symbole de puissance politique, fut à l'origine un vaste chantier de construction grouillant de vie.

Ce Moyen Âge un peu mythique des rois et des chevaliers est méconnu. Il se révèle parfois très moderne. C'est une grande époque de construction : les villes se développent, les campagnes sont mises en valeur ; on élève des châteaux, des églises, des palais, mais aussi des maisons, des granges, des moulins, des forges, des ponts… Les maîtres d'œuvre inventent de nouvelles techniques et deviennent de plus en plus audacieux dans leurs recherches architecturales.

Aujourd'hui, en Bourgogne, au cœur de la Puisaye, des hommes ont tenté une aventure : à Guédelon, ils construisent un château fort selon les techniques du XIIIe siècle.

L'impressionnante forteresse de Peñafiel, qui signifie rocher fidèle, occupait une place stratégique en Espagne à l'époque de la Reconquête sur les Arabes.

Restitution d'une motte. Le donjon et sa palissade peuvent encore résister, quand les assaillants ont déjà pris la basse-cour.

les seigneurs bâtisseurs

Quand il construit un château, un seigneur manifeste sa puissance et son autorité : il en est le **commanditaire** et confie la réalisation à l'architecte. Plus il est puissant, plus le château est important, plus la valeur des matériaux est grande : belles **pierres de taille**, bons mortiers, bois de qualité.

On croit souvent qu'un seigneur construit toujours son château dans un lieu très élevé, pour qu'il soit imprenable. Il n'en est rien. Le seigneur bâtisseur choisit un site qui réponde à ses préoccupations : protéger une ville, défendre une frontière, commander l'entrée d'une vallée, etc. Installé près d'une route, d'un carrefour important, d'un pont ou d'un gué, le château permet au seigneur d'exiger un péage auprès des voyageurs et des marchands.

Dans les enluminures, on représente souvent le commanditaire, seigneur, roi ou empereur, plus grand que les autres personnages et vêtu de bel habit, donnant des ordres à l'architecte.

Le peintre montre le commanditaire dans une attitude qui met en évidence son rôle et son pouvoir. Le langage des gestes, très développé dans les miniatures, indique ici qu'il est bien le donneur d'ordres.

Seul le roi peut accorder l'autorisation d'édifier des châteaux forts ; il n'hésite pas à faire détruire ceux qui ont été construits sans son accord.

Gutenfels, tour de guet sur une hauteur, et Pfalzgrafenstein, navire de pierre sur les eaux du fleuve, aujourd'hui situés en Allemagne, étaient des châteaux qui contrôlaient la navigation sur le Rhin.

l'aventure de Guédelon

Imaginons un seigneur au début du XIIIe siècle, Geoffroy de Guédelon, de modeste fortune. Il obtient de son suzerain l'autorisation de construire un château. Il choisit le site, une ancienne carrière dans une forêt de la Puisaye : la pierre, un grès riche en fer, est abondante, facile à exploiter et présente le grand avantage d'être extraite sur place. Une petite équipe – carriers, tailleurs de pierre, maçons, charpentiers et forgerons –, dirigée par un **maître d'œuvre**, se met au travail.

Cette petite histoire, très vraisemblable, est à l'origine d'un audacieux pari : construire un château fort à la fin du XXe siècle. Cette aventure contemporaine permet de faire revivre ce que devait être un chantier de construction au XIIIe siècle. Toutes les étapes sont représentées, depuis le défrichement du terrain et l'extraction de la pierre jusqu'à la pose des toitures.

Le château de Guédelon au début de sa construction.

① Carrière
② Tour du logis
③ Donjon
④ Courtine
⑤ Porterie
⑥ Pont dormant
⑦ Bacs à chaux
⑧ Loges

des hommes défrichent la forêt

Avant d'implanter les **fondations** des bâtiments, il faut préparer le terrain. On fait appel aux essarteurs pour défricher le site où sera construit le château. Jusqu'au XIIe siècle, en effet, l'Europe est encore largement couverte de forêts. Les arbres abattus seront très utiles : dès les débuts des travaux, on a besoin de planches et de poutres pour les installations du chantier.

Dans la forêt, les charbonniers produisent le charbon de bois. Les rondins sont montés en meules recouvertes de terre ; durant plusieurs jours, une lente combustion les réduit en charbon. Ce combustible alimentera les fours à chaux, les bas-fourneaux, la forge.

À Guédelon, un village d'essarteurs est visible à proximité du château en construction. Il permet d'imaginer ce que pouvait être la vie des hommes en bordure de forêt.

La scie de long permet de débiter un tronc en poutres ou en planches. Le « chevrier » monte sur le tronc lui-même posé sur deux pieds. Le « renardier », en contrebas, accompagne ses mouvements.

Les charretiers transportent le bois de la forêt au chantier.

qui dirige la construction ?

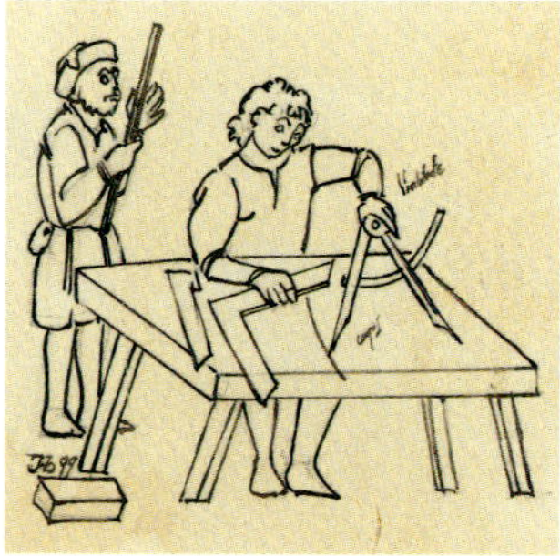

À l'époque gothique, le dessin d'architecture, réalisé avec le compas et la règle, prend une place importante. Dans les représentations médiévales de l'architecte, ces instruments deviennent les symboles de sa fonction.

Celui qui dirige la construction est appelé le maître d'œuvre. Le terme d'architecte ne s'emploie couramment qu'à l'époque gothique. Le maître d'œuvre est avant tout un homme de terrain, un charpentier, un maçon ou un tailleur de pierre qui a été remarqué pour ses qualités et ses compétences. Dans les enluminures ou sur les fresques, il est souvent représenté avec un compas, une équerre et un bâton, signes de sa charge.

Le maître d'œuvre établit un projet concret en suivant de près les exigences du commanditaire. Au début, il va choisir les matériaux en se rendant dans les forêts pour le bois, dans les carrières pour la pierre et dans les sablières pour le mortier. Puis il trace au sol le plan du bâtiment à l'aide de piquets et de cordes. Enfin, la construction commence : il organise le travail, forme les équipes et surveille l'exécution de l'ouvrage.

À l'époque gothique, quand l'architecture devient savante et complexe, le travail du maître d'œuvre devient plus intellectuel : il est plus souvent dans son cabinet de travail à dessiner et à calculer que sur le chantier où l'**appareilleur** le remplace. Le maître d'œuvre est en relation avec les grands de ce monde ; il occupe une position sociale élevée.

Au XIIIe siècle, la défense fait des progrès considérables. On abandonne les tours carrées – leurs angles sont de belles cibles pour les boulets ou les béliers – au profit des tours rondes. On développe les systèmes de créneaux, de **mâchicoulis** et de **hourds** en bois visibles sur les remparts de Carcassonne. Les progrès de l'art de bâtir ont permis ces améliorations.

le carnet d'un architecte du XIIIe siècle

Villard de Honnecourt est un architecte du XIIIe siècle qui, par ses recherches, sa curiosité et son génie inventif, fait penser à Léonard de Vinci. Il a beaucoup voyagé. Il a dessiné dans son carnet des monuments à Reims, Chartres, Laon, Cambrai, Lausanne, Prague et même en Hongrie. A-t-il participé à certains de ces chantiers ? Nous ne le savons pas.

Il nous a laissé un carnet de croquis complétés par de brefs commentaires. On y trouve des projets de machines (des automates, une scie hydraulique, une roue à mouvement perpétuel, une arbalète automatique…), des plans, des dessins d'architecture et de sculpture, ainsi qu'une foule de croquis difficiles à interpréter aujourd'hui : il s'agit de secrets transmis de constructeur en constructeur.

C'est une époque où les architectes sont aussi des ingénieurs. Ils perfectionnent les machines anciennes et en inventent de nouvelles. Ils créent des machines de guerre, comme le trébuchet, mais ils doivent également adapter l'architecture à l'évolution de la guerre.

Petits exercices de géométrie pratique, d'après les carnets de Villard de Honnecourt :

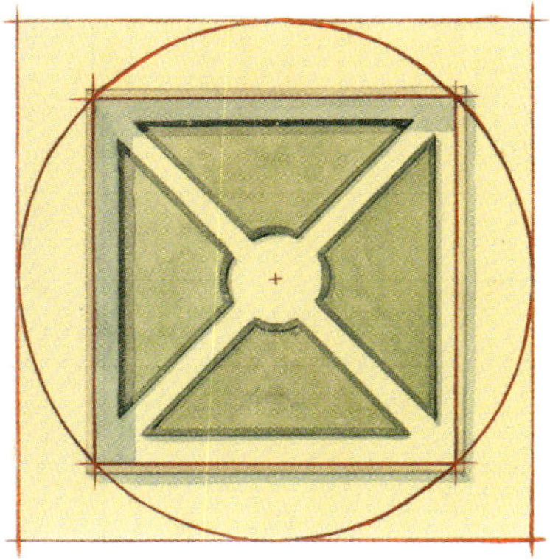

Comment tracer un cloître dont les galeries ont la même surface que le jardin ? Dessiner un petit carré à l'intérieur du cercle inscrit dans le grand carré.

Villard a composé aussi des figures étonnantes, comme ces quatre tailleurs de pierre formant une svastika.

Comment évaluer la hauteur d'un bâtiment dont on est éloigné ? On employait cette méthode avant de prendre d'assaut une fortification.

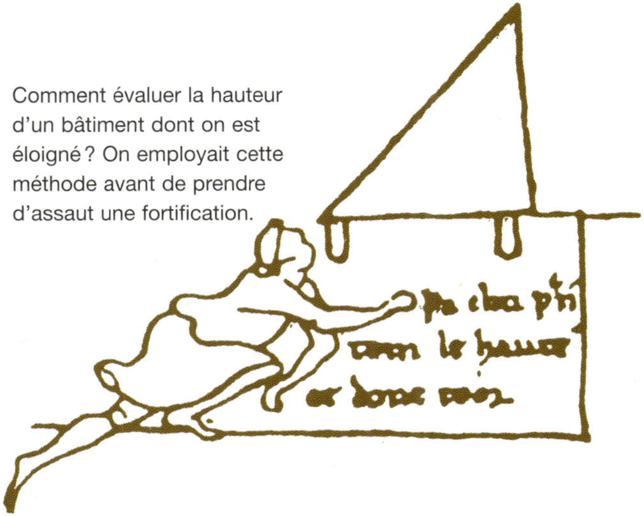

Il s'en faut de peu que ce projet de scie hydraulique ne soit réalisable.

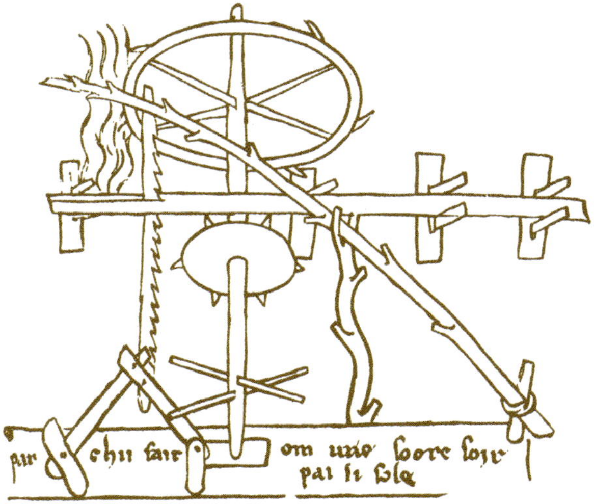

comment mesurait-on sur un chantier au Moyen Âge ?

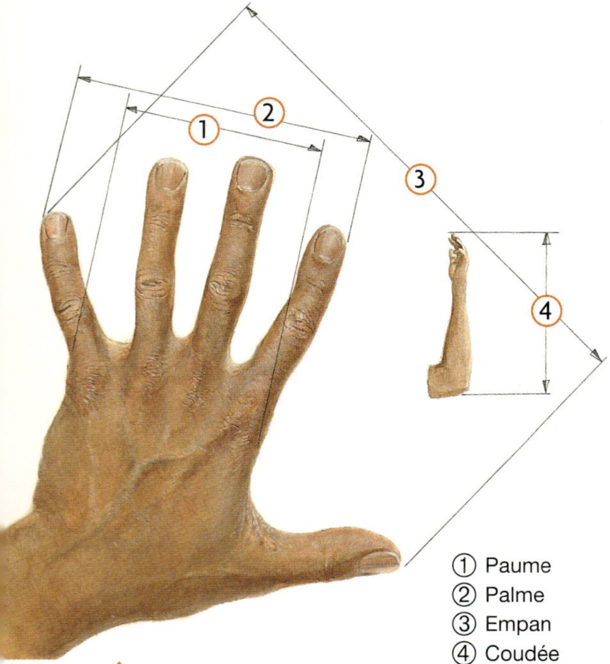

① Paume
② Palme
③ Empan
④ Coudée

Au Moyen Âge, les unités de mesure sont très différentes de celles de notre époque. Il n'existe aucune unité fixe : à l'intérieur du même royaume, de la même région, de la même seigneurie, voire de la même ville, le pouce, la paume, la palme, l'empan, le pied, la coudée peuvent varier sensiblement. En outre, la manière de mesurer est le plus souvent approximative : les instruments ne sont pas assez fiables et il n'y a pas d'unité aussi fine que notre millimètre.

Dans la construction d'un château, des mesures exactes n'ont aucune utilité. En effet, il n'existe pas de plan d'architecte dessiné comme aujourd'hui sur une feuille de papier. Avec des piquets et des cordes, on trace directement au sol le périmètre du bâtiment. Puis on réalise les fondations du château en suivant ce « plan au sol ». L'important est donc de choisir une longueur – une corde, par exemple – qui servira d'unité de base pour les travaux : le rempart mesurera dix fois la corde, le donjon carré aura une demi-corde de côté, le puits un dixième de corde de diamètre…

À vous de jouer : la corde à 13 nœuds permet de réaliser une multitude de figures géométriques comme le rectangle, les triangles, le cercle et toutes sortes de polygones.

Les constructeurs de Guédelon utilisent la corde à 13 nœuds comme unité de mesure ; l'intervalle entre deux nœuds est long d'une coudée. Grâce à elle, ils réalisent plusieurs figures géométriques simples qui serviront à dessiner le plan au sol : cercle pour les tours, grand rectangle pour l'enceinte, carré pour le chœur de la chapelle, triangle pour les élévations.

les fondations du château : un moment essentiel de la construction

Un château doit reposer sur des **fondations** puissantes et profondes : elles ont à porter une gigantesque masse de pierres montées sur des hauteurs parfois considérables. Les assaillants le savent bien : quand ils assiègent une forteresse, ils creusent des **sapes** jusqu'aux fondations pour provoquer l'éboulement des murailles et des tours.

Les premiers manœuvres à travailler sur le terrain sont les « fossatores » qui creusent des tranchées profondes pour mettre en place les fondations. Ils sont très rarement représentés ; la miniature de la cathédrale de Modène nous montre des « fossatores » du XIIe siècle défonçant le sol et emportant les déblais.

Quand c'est possible, les constructeurs assoient les fondations sur le rocher. Les châteaux cathares (XIIe-XIIIe siècles) sont construits directement sur la roche ; les murs sont souvent élevés dans le prolongement des parois rocheuses. À l'inverse, dans des terrains mous (plaine inondable, zone marécageuse), on doit stabiliser le sol en y enfonçant profondément un nombre très important de pieux.

L'architecte Lanfranc dirige les ouvriers qui creusent les fondations de la cathédrale de Modène, au XIIe siècle.

Le château cathare de Peyrepertuse est perché au sommet d'une crête vertigineuse.

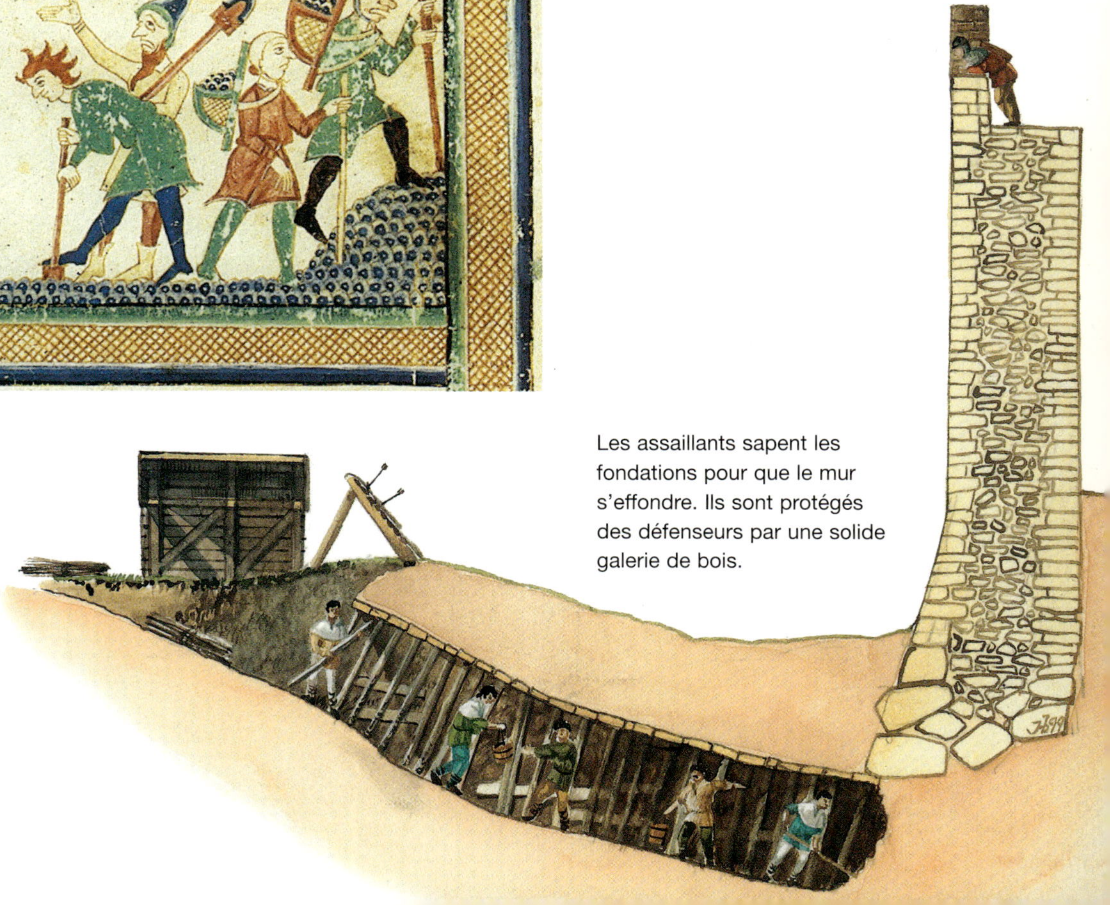

Les assaillants sapent les fondations pour que le mur s'effondre. Ils sont protégés des défenseurs par une solide galerie de bois.

trouver la bonne pierre, un gage de solidité

Le prix de la pierre dépend de la qualité du matériau, mais aussi de l'éloignement de la carrière. Le transport terrestre coûte très cher : des bœufs ou des chevaux tirant une charrette lourdement chargée ne peuvent guère parcourir plus de 10 à 15 kilomètres par jour. Le transport par rivière est beaucoup moins coûteux : un bateau peut transporter l'équivalent de dix charretées, voire plus. À Guédelon, le chantier est installé directement sur la carrière : c'est une sérieuse économie de temps et d'argent. Les châteaux prennent généralement leurs couleurs aux pierres du pays : grès rose d'Alsace, matériaux volcaniques noirs d'Auvergne, calcaire crayeux de l'Ouest…

Les **bancs** de bonne pierre se trouvent souvent en profondeur. Dans les carrières à ciel ouvert, on est obligé de déblayer d'énormes quantités de mauvaises pierres qui sont employées à divers usages, notamment dans les **blocages** des murs. Dans les carrières souterraines, au contraire, on exploite directement la pierre de bonne qualité.

Pour un édifice prestigieux, le maître d'œuvre n'hésite pas à faire venir de belles pierres de très loin. On connaît des commanditaires qui ont monté des expéditions dangereuses pour ramener des marbres antiques du midi de la France, ou même de Rome. Le commerce de la pierre est très ancien. À partir du XIe siècle, la Normandie exporte la pierre de Caen vers l'Angleterre.

Les carriers de Guédelon extraient des blocs de grès, qui sont transportés par charrette à la loge des tailleurs de pierre.

Le château de Vufflens, en Suisse, est un exemple de construction en brique.

sans forge, pas de chantier !

Des pierres riches en minerais sont brûlées dans un four (bas-fourneau) à haute température. En fin d'opération, le fer en fusion s'écoule hors du four.

Sur le chantier, la forge a un rôle capital. Le forgeron fabrique des outils, des tirants, des tenons, des agrafes, des clous, des chaînes, des crochets, des ferrures, etc. Le fer est difficile à produire, donc cher. Aujourd'hui, on jette un vieil outil usé ; au Moyen Âge, en revanche, on l'aurait réparé plusieurs fois jusqu'à ce qu'il soit devenu inutilisable. Alors on l'aurait refondu avec d'autres.

Les tailleurs de pierre adaptent leurs outils à la qualité de la pierre (tendre ou dure) et aux besoins de la construction : **moellon**, **pierre de taille**, **claveau** d'un arc, **tambour** d'une colonne, etc. Pour réaliser une pierre de taille, ils utilisent des outils différents, depuis le dégrossissage jusqu'à la finition.

Pif, paf, pouf.
Il existe des grès durs – pif, tendres – pouf, et moyennement résistants – paf. Ces curieuses appellations correspondent aux sons rendus par l'outil de taille sur la pierre.

Dans la forge de Guédelon, le forgeron fabrique les outils des tailleurs de pierre, mais aussi des clous, des grilles et d'autres ferronneries.

mémoire de la pierre

Les traces que l'on voit sur les pierres de taille racontent au quotidien l'histoire du chantier. Il s'agit de traces d'outils, de marques de tailleurs de pierre, de **repères techniques** pour la construction, mais aussi de grands dessins. En effet, le parchemin étant très cher, les constructeurs pouvaient graver directement des **épures** sur la pierre : ils dessinaient sur le mur des éléments d'architecture que les tailleurs de pierre réalisaient.

En décryptant ces traces on reconnaît l'évolution des techniques et des outils, mais aussi le savoir-faire et les habitude des tailleurs : celui-ci était gaucher, celui-là avait un taillant ébréché, ce dernier était visiblement un apprenti…

Sur leurs pierres, les tailleurs ont souvent gravé leur signe qui est pour eux une signature. Il s'agit de formes géométriques, de dessins (étoile, flèche, oiseau…), de lettres de l'alphabet, parfois même de noms propres. L'habitude de graver ces signes s'est conservée jusqu'à nos jours. D'autres marques servaient à comptabiliser le travail et à payer les tailleurs de pierre. Certains étaient payés à la journée ou à la semaine, d'autres à la tâche ; dans ce dernier cas, leurs signes sont appelés « marques de tâcherons ».

Tailleur de pierre travaillant avec une chasse sur le chantier de Guédelon.

Épure sur les terrasses de la cathédrale de Clermont.

Dans la cathédrale de Lyon (XIIIe siècle), on trouve des marques en forme de profil de tailleur de pierre. On reconnaît le bonnet de feutre typique.

le travail du maçon : une exigence de précision et de patience

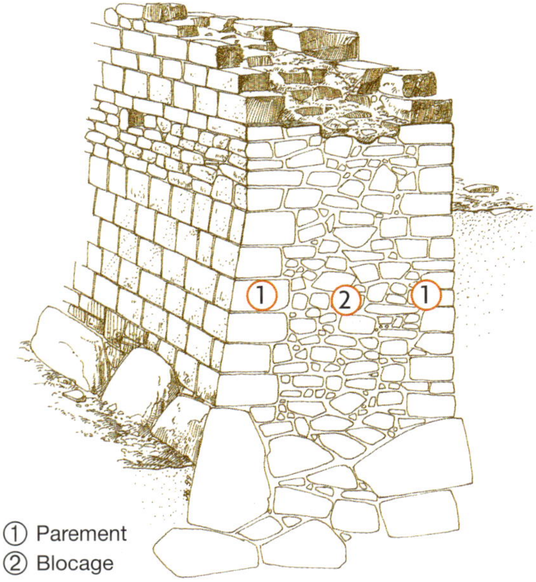

① Parement
② Blocage

Structure d'un mur.

Toute la puissance d'un château est dans la solidité et l'épaisseur de ses murs. Durant un siège, les assaillants cherchent à les ébranler par le feu, par des boulets ou des **béliers**. Ils tentent aussi d'y faire des brèches en démontant le **parement** et en creusant le **blocage**. Il existe même des groupes spécialisés dans l'escalade des murs ; mais, s'ils sont montés très soigneusement, les murs ne leur offriront aucune prise.

C'est pourquoi les maçons mettent tout leur savoir-faire dans la construction du château. Ils lient les pierres avec un mortier très résistant ; ils vérifient l'horizontalité et la verticalité des murs avec un fil à plomb et une équerre, parfois avec une sorte de niveau.

Les murs sont construits assez rapidement en **assises** régulières. En revanche, les arcs, les fenêtres ou les portes sont plus compliqués à réaliser. Leur forme est d'abord dessinée au sol. Les blocs de pierre sont ensuite taillés d'après l'**épure**, puis, souvent, marqués par un signe avant leur mise en place, afin de faciliter le montage de l'ensemble.

Mur en construction
à Guédelon.

Deux maçons
vérifient leur travail
avec l'équerre
et le fil à plomb.

à beau château, bon mortier

Restitution d'un four
à chaux.

Les maçons préparent le mortier (on dit : « gâcher le mortier »). Ils mélangent du sable et de la chaux détrempée. C'est un travail délicat : il faut savoir doser précisément chaque élément pour que le mortier soit très solide.

Il n'y a pas de bonne construction sans bon mortier, « à chaux et à sable », comme on le disait au Moyen Âge. On va chercher le sable au bord des rivières ou en carrière; à Guédelon, il provient du site lui-même et sa couleur ocre-rouge donne une très belle teinte au mortier. Le **chaufournier** produit la chaux sur le chantier ou en carrière. Il fait cuire des pierres calcaires à haute température (plus de 900 degrés) dans un four à chaux, appelé « chaufour ».

On transporte le mortier à bras d'homme, sur des **civières** ou dans des **oiseaux**, plateaux à deux manches posés sur les épaules. Plus tard, on utilisera aussi des brouettes.

À Guédelon,
on prépare le mortier
dans des bacs
avec des rabots.

Les maçons
transportent le mortier
et les petites pierres sur
des civières et dans
des oiseaux.

Gâcheur de mortier
et maçon.

un ouvrage savant : l'échafaudage

Petit à petit, le château s'élève. Les échafaudages, installés des deux côtés des murs, grandissent avec lui. Ils sont en bois. Maçons et tailleurs de pierre y montent par des échelles et circulent sur les **platelages**, en planches ou en osier. Ces constructions temporaires permettent le transport de petits matériaux, le montage des **parements**, la sculpture sur place de chapiteaux, de consoles, de statues…

Les échafaudages sont formés de grandes perches verticales (10 à 15 mètres) soutenant les boulins, poutres horizontales qui portent des platelages ; des croisillons en forme de grand X, consolident l'ouvrage. Les boulins sont souvent ancrés dans les murs par une gaine maçonnée, appelée « trou de boulin ».

Avec l'invention des tours rondes, au XIIIe siècle, on met au point l'échafaudage hélicoïdal suspendu : une rampe unique qui monte en hélice autour de la tour, soutenue seulement par des boulins et des équerres.
C'est un bel exemple du savoir-faire des charpentiers.

Rien ne se perd : à la fin du chantier, on démonte les échafaudages pour récupérer le bois. Aujourd'hui, les trous de boulins, vides, servent de refuge aux oiseaux.

En restaurant le donjon de Coucy (XIIIe siècle), l'architecte Viollet-le-Duc a retrouvé des traces d'un échafaudage hélicoïdal.

Cette mosaïque vénitienne du XIIIe siècle montre un échafaudage à boulins et perches.

le « maître des machines », ancêtre de l'ingénieur

Des ouvriers utilisent une grue en T à deux poulies.

Sur ces grands chantiers, les machines sont indispensables. La plupart sont des grues pour monter les matériaux. Elles sont installées sur le haut des murs en construction : pour les petites charges, une poulie fixée à une poutre prise dans le mur ou à un mât mobile, retenu par des cordages. Pour des charges plus lourdes, des grues en forme de potence ou de T majuscule, à une ou deux poulies, qui peuvent pivoter sur leur axe, comme aujourd'hui.

Le « maître des machines » sait aussi fabriquer des engins perfectionnés : héritées de l'Antiquité, les **grues à écureuil**, avec leur grande roue mue de l'intérieur par des hommes ; les puissantes **sonnettes**, qui enfoncent les longs pieux des fondations dans les sols instables ou bien au milieu des rivières, pour les ponts ; les **moufles**, système de poulies qui démultiplient les forces et soulagent l'effort.

Grue à écureuil de Guédelon. C'est en marchant dans la roue qu'on monte les charges (pierres et bois) qui peuvent atteindre plusieurs centaines de kilogrammes.

Peinture de l'école flamande du XIVe siècle montrant un exemple de grue.

les « petits métiers » sont indispensables à la bonne marche du chantier

Sur un chantier se côtoient de nombreux spécialistes : les ingénieurs, les tailleurs de pierre, les maçons, les **chaufourniers**, les charpentiers, les forgerons, les cordiers, et d'autres encore.

Mais tous ont besoin d'aide pour réaliser les menues tâches indispensables à leurs travaux. Parmi eux, on rencontre par exemple les porteurs d'eau, qui s'approvisionnent à la rivière ou dans des puits ; les porteurs de sable ou de pierres, travail si humble qu'il constitue parfois une pénitence ; ceux qui disposent la paille ou le fumier sur le sommet des murs, pour les protéger du gel l'hiver, quand le chantier s'arrête ; ceux qui portent des messages du haut des échafaudages jusqu'aux tailleurs de pierre, aux **gâcheurs** de mortier ou au forgeron, tout en bas ; ceux qui soignent les chevaux et les bœufs, réparent et récupèrent tout ce qui risque d'être perdu ou, plus simplement, s'ingénient à régler à la demande les problèmes les plus divers.

À Guédelon, la cordière tresse des cordes de chanvre. Elles seront nécessaires à diverses tâches, notamment le montage des échafaudages.

La poterie du chantier de Guédelon. Grâce aux fouilles archéologiques, différentes traces de la vie quotidienne sont parvenues jusqu'à nous : foyers, restes de repas, mais aussi des fragments de poterie qui permettent de restituer les formes des cruches ou des écuelles.

Dans une vieille chanson de geste, on raconte que pour faire pénitence, la femme du comte Girart de Roussillon charriait du sable jour et nuit sur le chantier de Vézelay. On sait que saint Louis, accompagné par les nobles de la cour, transportait lui-même les pierres de construction sur le chantier d'abbayes qu'il avait fondées.

les travaux du charpentier

Les châteaux forts nous sont parvenus en ruine : nous avons du mal à imaginer la place immense qu'y occupait le bois, matériau périssable.

Le travail du charpentier concerne le chantier du début à la fin.
Il fait abattre des arbres, pour en tirer des planches et des poutres, monte les échafaudages, fabrique les machines, réalise les **cintres** pour la construction des voûtes.

Il couvre le château de vastes charpentes aux formes compliquées, allongées, incurvées, trapézoïdales, à pans ou coniques pour les tours. Les couvreurs y fixeront des ardoises, des **lauzes** ou des tuiles produites en très grandes quantités près du chantier.

On lui doit les portails et les portes, les cadres de fenêtre garnis de papiers huilés ou, plus tard, de verres, voire de vitraux. Il conçoit aussi des éléments de défense essentiels comme la **herse**, le **pont-levis** ou les **hourds**.

scie

équerre

chevilles

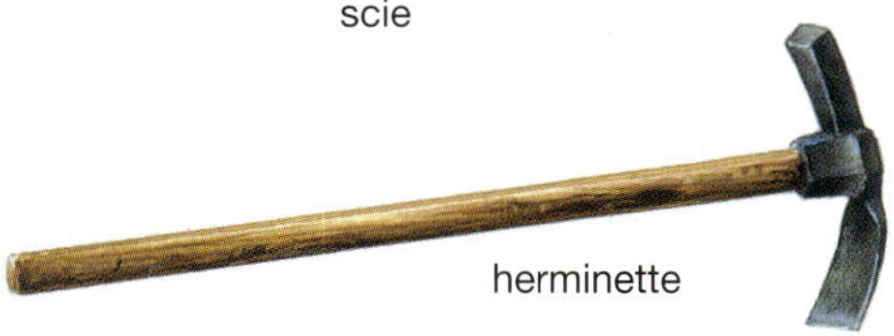
herminette

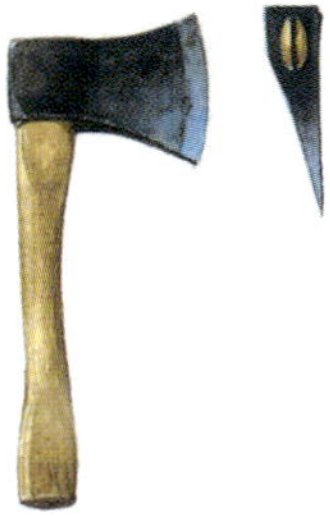
doloire

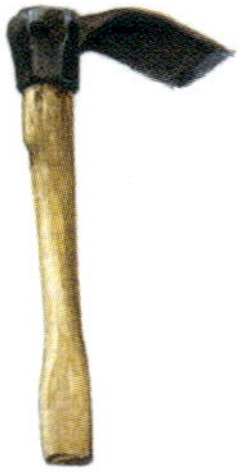
herminette

tarière

Les miniatures montrent plus rarement les travaux de charpenterie que ceux de maçonnerie.

À Guédelon, l'atelier du charpentier se situe à proximité du chantier. Le bois intervient sans cesse dans la construction de manière provisoire (échafaudage), ou définitive (charpentes et planchers).

le chantier des quatre saisons

Le chantier de Guédelon sous la neige.

Un abri de chantier à Guédelon.

Le chantier est inscrit dans le temps. Dans les royaumes chrétiens du XIIIe siècle, de nombreuses fêtes religieuses constituent autant de moments de repos.
La journée de travail dépend de la longueur du jour.

Le chantier s'organise au rythme des saisons. L'hiver, il s'arrête, car il fait trop froid : le mortier risquerait de geler et la maçonnerie ne tiendrait pas. Aussi, à la fin de l'automne, les maçons protègent les murs inachevés avec de la paille ou du fumier qui est un meilleur isolant. Les tailleurs peuvent continuer à travailler dans un local abrité des intempéries, pour préparer la prochaine **campagne de construction**.

Au printemps, chacun revient à sa tâche sous la direction du maître d'œuvre. Durant l'été, les tailleurs de pierre s'abritent du soleil dans une loge, quatre poteaux et une couverture de chaume; les maçons ont le souci de maintenir les maçonneries humides, pour lutter contre un dessèchement trop rapide.

Le chantier se poursuit pendant plusieurs campagnes. Pour protéger du froid les murs inachevés, on recouvre les arases de paille ou de fumier qui résiste mieux à la pluie et au vent.

Les ouvriers du chantier travaillent à l'abri du soleil ou de la pluie.

arrive enfin le jour…

Arrive enfin le jour où le seigneur prend possession de son château… Les tables ont été dressées pour le banquet. Oies, perdreaux, cochons de lait, sangliers et quartiers de bœuf rôtissent dans les hautes cheminées. On met les tonneaux en perce. Les hôtes venus de toute la contrée et même de plus loin sont accueillis par le maître des lieux entouré de ses familiers…

Dans une vingtaine d'années, tours, courtines et donjon seront sortis de terre et les bâtisseurs de Guédelon entourés de tous ceux qui auront suivi pas à pas l'avancée du chantier viendront eux aussi festoyer…

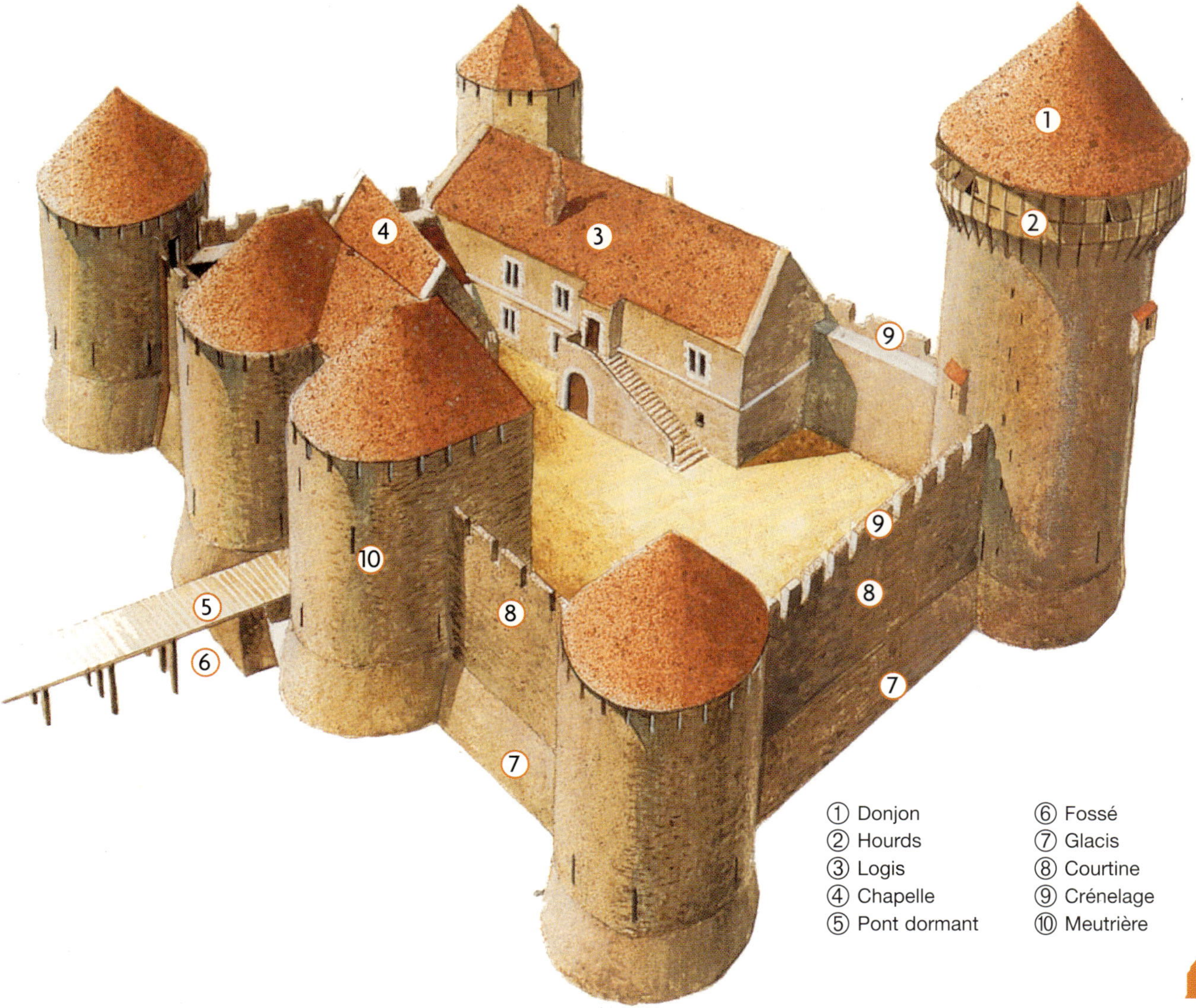

① Donjon
② Hourds
③ Logis
④ Chapelle
⑤ Pont dormant
⑥ Fossé
⑦ Glacis
⑧ Courtine
⑨ Crénelage
⑩ Meutrière

lexique

APPAREILLEUR

Cet homme spécialisé dans la construction des murs est l'assistant de l'architecte.

ASSISE

Alignement de pierres ou de briques de même hauteur formant dans un mur un rang horizontal.

ARASE D'UN MUR

Partie supérieure d'un mur.

BANC DE PIERRE

Couche de pierre de formation géologique visible dans une carrière.

BASSE-COUR

Enceinte secondaire ajoutée à la motte ou au château fort et destinée à accueillir les populations.

BÉLIER

Longue poutre utilisée par les assaillants pour défoncer les portes et ébranler les murs.

Château de Loches.

BLOCAGE

Partie interne d'un mur (blocs informes et mortier).

CAMPAGNE DE CONSTRUCTION

Une campagne de construction correspond aux travaux accomplis sur une année.

CHAUFOURNIER

Spécialiste de la production de la chaux. Il monte le four à chaux, fait cuire la pierre et vend la chaux aux constructeurs.

CINTRE
Ouvrage de bois destiné à porter la voûte en construction. Quand la voûte est achevée, on ôte le cintre (décintrer).

CLAVEAU
Pierre taillée entrant dans la composition d'un arc.

COMMANDITAIRE
Notable – évêque, roi, abbé, noble – qui entreprend de faire construire un édifice et commande le travail au maître d'œuvre.

ÉPURE

Dessin exact et grandeur nature d'un élément d'architecture (un arc, une porte, une fenêtre) ou de décor. Il est gravé sur le sol, sur une surface de pierre, de mortier ou de plâtre et comporte tous les détails techniques utiles au tailleur de pierre et au maçon, notamment la longueur précise des blocs, l'épaisseur des joints…

FONDATIONS

Bâti construit sous le niveau du sol pour supporter et stabiliser l'édifice.

GÂCHEUR

Spécialiste de la réalisation du mortier. On dit « gâcher le mortier ».

GRUE À ÉCUREUIL
Grande grue dont le moteur est une roue large et de grand diamètre. Des hommes montent à l'intérieur de la roue et la font tourner en marchant. Les cordages s'enroulent autour de la roue et la grue soulève ainsi de lourdes charges.

HERSE

Grille mobile et puissante, en bois et en fer, utilisée pour renforcer la protection offerte par le pont-levis. Elle ferme l'entrée principale du château. On la remonte pour libérer le passage.

lexique

HOURDS
Sorte de galerie de bois construite devant les créneaux du château, au-dessus du vide. Depuis les hourds, on peut laisser tomber directement des projectiles sur les ennemis qui veulent franchir les fossés ou s'attaquer à la base des murs.

LAUZES
Plaques de pierre minces, beaucoup plus larges que des ardoises, utilisées pour couvrir un toit.

LOGE
Abri léger qui protège tailleurs et sculpteurs sur le chantier.

MÂCHICOULIS
Dans un mur à mâchicoulis, les créneaux sont construits en encorbellement sur des consoles. Dans l'espace laissé libre entre le sommet du mur et les créneaux, les défenseurs laissent tomber sur les assaillants des projectiles et des liquides bouillants.

MAÎTRE D'ŒUVRE
Spécialiste de la construction, à qui le commanditaire confie la direction du chantier.

MOELLON
Bloc de pierre grossièrement taillé.

MOUFLE
Petit instrument de bois utilisé dans des grues pour associer plusieurs cordages et démultiplier la force de celui qui monte la charge.

OISEAU
Instrument de bois destiné au transport du mortier ou de la pierre. Il est composé d'un plateau et de deux manches parallèles. On place les deux manches sur les épaules et le plateau derrière la tête.

PAREMENT
Face extérieure d'un mur revêtue de pierres de taille.

PIERRE DE TAILLE
Bloc de pierre très bien taillé.

PLATELAGE
Surface de circulation d'un échafaudage.

PONT-LEVIS
Pont donnant accès par-dessus les fossés à la porte principale du château.

RABOT

Instrument en forme de houe servant à gâcher le mortier.

REPÈRES TECHNIQUES (tracés sur la pierre)
Petites marques gravées sur des blocs d'une construction pour indiquer l'endroit précis où positionner un élément d'architecture : colonne, gargouille, etc.

SAPE

Tranchée creusée par l'assaillant dans les fondations ou à la base des murs, pour les faire s'écrouler.

SONNETTE
Engin à bras ou mécanique permettant d'enfoncer des pieux dans le sol.

Krak des chevaliers, en Syrie.

TAMBOUR

Bloc de pierre cylindrique servant à la réalisation d'une colonne.

VASSAL (pluriel : vassaux)

Seigneur subordonné à un autre seigneur. Ce dernier est son suzerain.

table des matières

postface

En Bourgogne, à l'aube du XXIe siècle, un château fort s'élève, dans la meilleure tradition de l'architecture et des savoir-faire médiévaux. Ce projet bénéficie de l'appui financier de nombreuses structures : Union européenne, État, Région Bourgogne, département, entreprises et fondations, notamment la fondation CANAL +.

Il est aussi l'occasion d'une expérience sociale et humaine inédite : redonner un sentiment d'appartenance professionnelle à des femmes et des hommes en leur assurant une formation technique.

Le chantier de Guédelon sur lequel se côtoient en permanence différents corps de métiers, artisans, compagnons, chercheurs, archéologues et visiteurs s'inscrit dans le cadre d'une démarche scientifique et pédagogique.

Visite du Chantier médiéval de Guédelon du 1er avril au 15 novembre
Informations : Association des Compagnons Bâtisseurs de la Puisaye
Le Château – 89170 Saint-Fargeau. Tél. : 03 86 74 19 45 – Fax : 03 86 74 19 46
Internet : http://www.guedelon.org – Email : guedelon@guedelon.org